# सहस्रदीधितिः

अर्पण कुमार

Made with ❤ on the Notion Press Platform
www.notionpress.com

# क्रम-सूची

# क्रम-सूची

# भूमिका

मेरे अनुसार, एक काव्य-संग्रह कभी किसी **भूमिका** का अधीन नहीं हो सकता, परंतु 'भूमिका' तो अनन्त काल से ही रचना का अभिन्न अंग रही है । भूमिका ना लिखना, बरसों से चली आ रही इस परंपरा को तिरस्कृत करने के समान होगा, और आख़िर मैं इस प्रथा का प्रतिरोध कर भी कैसे सकता हूँ ।

मैं, **अर्पण कुमार**, '**सहस्रदीधिति:**' का रचनाकार, स्वयं तो कविकुल के दिनकर के सम्मुख एक दीप मात्र हूँ । रूपक के दृष्टिकोण से देखें तो मैं एक शून्य हूँ, जब तक मेरी पृष्ठभूमि में भारत का अनुपम काव्य इतिहास है और जब तक अंक समान अनेकों कवि इस शृंखला के अनन्य रूप बनकर जुड़े हुए हैं, तब तक ही, मेरा कोई मोल या महत्व सिद्ध है ।

इस रचना के प्रष्टाधार का अंकुर संपूर्ण पद्य शैली और ख़ासकर वीर-रस के प्रति लोगों के घटते रुझान की मृदा से विकसित होता है । वो हिमवर्ष जहां काव्यशैली की आरंभरेखा रची गई थी, आज पूर्णतः आङ्ग्लभाषा के उपन्यासों की तरफ़ बढ़ता चला जा रहा है । परंतु, मैं इसके हेतु केवल पाठक को दोषी ठहराकर आगे बढ़ जाऊँ, तो यह कविवंश के कर्तव्यों से पीछे हटना होगा । संभवतः, हम कविताओं की सरलता के स्तर को पाठक के अनुरूप ढालने में असफल रहे हैं । यह काव्य-संग्रह उसी परिवर्तन के प्रति मेरा पहला कदम है ।

"**सहस्रदीधिति:**" में एक योद्धा का परिचय देते हुए मैं कहता हूँ :

*"शस्त्र शास्त्र सब संग समेटे,*
*संघर्ष पथ जो चल दिया ।*
*ज्ञान का ख़ुद जनक बना,*
*पौरुष को जन्म भी स्वयं दिया ।।"*

परंतु श्री हरिओम पंवार जी जैसे कुछ अपवादों के सिवा, आज के युग के कवियों में ना शब्द को शस्त्र बनाकर शासन के विरुद्ध जाने का साहस ही शेष है, ना ही वो वाचनानल जिससे सिंहासन डगमगा उठा करते थे । वीर-रस की अग्नि अनुराग और हास्य रस के प्रकोप से कहीं ढकती चली जा रही है । ये समझ पाना तो मेरे लिए भी कठिन है कि आधुनिक युग के कवि असल समस्याओं को देख नहीं पा रहे, या, निहित स्वार्थ हेतु अनदेखा कर रहे हैं । ये कौनसा भय कवियों को सीधे प्रश्न रखने से रोक रहा है, ये तो ना समझ पाना ही सरल है, ना समझा पाना, परंतु निश्चय ही, ये भय कविता के मूलाधार को चोटिल किए जा रहा है । मैंने इस प्रचलन के विरुद्ध जाकर समाज की ग़लतियों को प्रस्तुत करने का '**सहस्रदीधिति:**' के कुछ अंशों में हर संभव प्रयास किया है ।

अब जब बात '**सहस्रदीधिति:**' तक पहुँच ही गई है, तो उसका परिचय देना भी मेरा कर्तव्य हो जाता है । '**सहस्रदीधिति:**', कविताओं के स्तर को पाठक के स्तर तक ले जाने का एक प्रयास है । हालाँकि, मैं ये तो नहीं कह सकता कि मैं इस प्रयास में पूर्णतः सफल रहा हूँ, परंतु सरलता के प्रति मैंने अपना शत प्रतिशत प्रयास अवश्य किया है । पाठक के हित में ये काव्य-संग्रह तीन भागों में विभाजित है - **समर्पण, समाज और सद्धर्म**।

**समर्पण** वो एकमात्र खंड है जिसे मैं अपना कह सकता हूँ, क्योंकि बाकी, दोनों ही खंड निस्संदेह संपूर्ण समाज के दर्पण है । 'समर्पण' पूर्णतः संबंधों के प्रति समर्पित है और वीर रस की भावना का शृंगार रस के विषयों के प्रति एक नूतन प्रयास है । परंतु इसका अर्थ ये किंचित् नहीं है कि ये खंड

समाज से जुड़ा नहीं क्योंकि जब मैं समर्पण सर्ग में लिखता हूँ :

*"तुझे आँसू ना आने दूँ,*
*मैं चाहे सब बहा दूँगा ।*
*जो तुझपे आँच आई,*
*पहले मैं ये जग जला दूँगा ।"*

तो अवश्य ही ये एक सामाजिक भाव की प्रतिकृति है जिसका कारण समाज सर्ग में स्पष्ट होता है ।

समाज खंड ही वो चित्रण है, कि आख़िर कविता कब लिखी जाती है । मैं वो कवि आवश्य ही नहीं हूँ जिसके लिए कविता लेखन एक मनोरंजन हो, मेरी कविताएँ शासक से प्रश्न करने का साहस भी रखती हैं, और समाज में बदलाव लाने की भी अभिलाषी है । इस खंड की कविताओं को समझ पाने के हेतु विषय का ज्ञान आवश्यक हो जाता है और इसी कारण, आवश्यक हो जाता है, मेरा आपको विषय से परिचित करना, जिस कर्तव्य का अनुपालन मैंने कविता की अग्रभूमि में कर दिया है । जब मैं 'श्रीचरणवंदना' में लिखता हूँ :

*"कि आज मेरी तूलिका,*
*नव ज्ञान की हो अंबिका,*
*दो ये भी वर -*
*पद, यूँ चलें,*
*कि पद हिलें बस चाप से ।"*

तो इस वर का असल उपयोग मैंने समाज सर्ग में ही किया है, जिससे इस सर्ग की महत्ता और अधिक आवश्यक हो जाती है ।

सद्धर्म खंड मेरी दृष्टि से धार्मिक वृतांतों का वर्णन है और शायद यही वो खंड भी है जो सबसे अधिक विवादास्पद है । परंतु मैं यदि विवादों से

भयभीत होकर इस खंड को सहज कर दूँ, तो फिर, मेरे और उन अन्य कवियों में अंतर ही क्या शेष रह जाता है ? ये विरोधाभास ही इस सर्ग की जीवात्मा है । ये सर्ग इतना अनूठा है कि कभी धर्मों में एकता का प्रतिबिंब बनता है तो कभी विखंडन का कारण प्रतीत होता है । इस खंड के अंतिम स्थान का कारण ये भी है की शायद इसे प्रथम रखने से कुछ पाठक आहत हो जाते ।

'**सहस्रदीधितिः**' में कवि मैं हूँ, वक्ता मैं हूँ, शब्द भी मेरे हैं, भाव भी और अर्थ भी, परन्तु, कारण समाज है और वो सदैव समाज ही होगा ।

विनीत

अर्पण कुमार

# समर्पण

# 1. श्रीचरणवन्दना

कि लेखनी शशक्त हो,
हर प्रष्ट पे लिख ज्वाल दे,
मूल्याग्नि की ताप से,
हर कविता ही सविता बने ।

ये लेखनी हर शब्द में ही,
ज्ञान का अंकुर जने,
और जो पढ़े इस काव्य को,
वो आगे बढ़ता ही चले ।

स्वच्छन्दता से कर सके,
जो प्रश्न जन में हैं दबे ।
और काल की इस रेत पर,
पद छाप छोड़े ये चले ।

कि आज मेरी तूलिका,
नव ज्ञान की हो अंबिका,
दो ये भी वर -
पद, यूँ चलें,
कि पद हिलें बस चाप से ।

और धर्म की इस राह पे,
मुझे ले चलो सीतापते ।
कर्मयोग में लीन रहे,
ये मन सदा गीतामते ।

शब्द की कर्ता बनें,
अब ख़ुद स्वयं माँ भारती,
त्रिलोक के अधिपति की,
शब्द करते आरती,
ये शब्द करते आरती ।

# 2. उद्गमकर्ता

गलती करी तो डाँट दिया,
मैं जब फसा तो साथ दिया,
तूफ़ानों में जो हाथ दिया,
जो दर्द था मेरा बाँट लिया ।

आँच मुझपर आई,
उनने ख़ुद को झोंक दिया,
आगे ख़तरा वो चले,
और मुझको उस क्षण रोक दिया ।

मेरे लिये सब कुछ लिया,
मेरे लिये सब खो दिया,
दर्द मेरे दिल में था,
हर रूह उनका रो दिया ।

मैं लिखूँ भी, क्या लिखूँ ?
मैं कहूँ तो, क्या कहूँ ?
मैं रहूँ, कैसे रहूँ ?
क्या-क्या किया कैसे गिनूँ ?

गिनने चला तो जन्म से,
हर दिन नया एक कर्म था,
बदले में मैंने क्या किया ?
मैंने जो किया, बस धर्म था ।

क्रूर बड़ी ये दुनिया थी,
आपका स्पर्श नर्म था,
आपका स्वरूप ही,
मेरे जीवन का मर्म था ।

मैं तो बड़ा मासूम हूँ,
इस दुनिया में नादान हूँ,
अब भी कहीं खोया हुआ,
अब भी कहीं अनजान हूँ ।

अब भी कभी-कभी अकेला पड़ जाता हूँ,
आप साथ नहीं होते, मैं परछाईं से डर जाता हूँ ।
क्या करूँ ? क्या ना करूँ ? सोच भी खो देता हूँ,
कभी-कभी आप दूर होते हो, जब मैं रो देता हूँ ।

आप साथ ना रहे,
तो शायद रह ना पाऊँगा ।
दिल में बातें, जो हैं दबी,
किसीसे कह ना पाऊँगा ।

ऐसी जोड़ी इस जग में,
मैं ढूँढ सकता हूँ नहीं,
आपके बिना मेरा मोल क्या ?
ये सोच सकता हूँ नहीं ।
ये सोच सकता हूँ नहीं ।।

# 3. माँ

एक अक्षर का एक शब्द, मैं एक ओर रखता हूँ,
भूमंडल का दिव्य लोक, मैं एक ओर रख देता हूँ,
एक ओर उन दिव्य पदों को, मैं नमन करता हूँ,
एक ओर सौ देवों का भी, मैं पूजन कर लेता हूँ,
और पाले के दो ओर पड़े में,
किसका मोल बड़ा है ?
एक ओर जब माँ है,
तो फिर, प्रश्न ही शेष कहाँ है ।

माँ के हित हो हर काम लिखूँ,
मैं अंबर तेरे नाम लिखूँ,
तेरे चरणों सब धाम लिखूँ,
तू चाह दे, तो मैं जग लिख दूँ,
तू कह दे, तो मैं प्राण लिखूँ ।

तुझको अंबर कह दूँ मैं,
मैं तुझको अपनी धरा लिखूँ,
तेरे नीचे ये जग सारा,
कैसे तेरी तुलना लिखूँ ?

नींद का शौक़ीन हूँ,
मेरी अलार्म तुम्हीं हो माँ,
दुनिया ये, छलावा है,
अब भी आराम तुम्हीं हो माँ,

और चमकूँ तब तो जग देखे,
इस दिनकर की शाम तुम्हीं हो माँ ।
ये मंदिर-मस्ज़िद माया है,
मेरे सब धाम तुम्हीं हो माँ ।

अब भी जब घबराऊँ, तुम्हें पुकारा करता हूँ,
देवों से पहले अक्सर स्मरण, तुम्हारा करता हूँ ।
मेरे प्रश्नों का तो हर उत्तर तुम्हीं हो,
मेरे लिये तो संबल और समतल तुम्हीं हो ।
आलोचना भर ज्ञान तो हासिल नहीं है,
तुमपर लिखूँ ये कलम यूँ काबिल नहीं है ।

तेरे बिना तो अब भी कुछ दिन रह ना पाऊँगा ,
ये दुनिया बड़ी है क्रूर, इसको सह ना पाऊँगा,
रात में कभी नींद खुले, तुझको ना पाऊँगा,
अब भी लगता है, मैं अक्सर डर सा जाऊँगा ।

मातृ ऋण की बात करो,
मैं तृण-तृण दे ना तौल सकूँगा,
बसा हूँ जिसके बोल-बोल में,
उसपर क्या ही बोल सकूँगा,
उसपर क्या ही बोल सकूँगा ।

# 4. दक्षता

श्रम का होता अर्थ क्या ?
और अर्थ की सीमा है क्या ?
क्या अर्थ इस समाज का ?
समाज की गरिमा है क्या ?

है क्या गलत और क्या सही ?
किस मोढ़ हेतु ज़िंदगी ?
क्या माँग है ? क्या लालसा ?
किस ओर जाता रास्ता ?

कौन दीप इस ज्ञान क्या ?
सूत्र है कौन सूत सम्मान का ?
कौन है जिसका सब कुछ ही, संतति के नाम का ?
कौन कर्ता है जगत में, सूत के उत्थान का ?

कौन कराल अग्नि में,
यूँ बढ़ रहा हर रोज़ है ?
मेरे लिये ये कौन जग से,
लड़ रहा हर रोज़ है ?

ऐसे क्यों लगता है मुझे,
कि इनकी कोई इच्छा नहीं है ?
मेरे सिवा इस जग में इनको,
क्यों कोई दिखता नहीं है ?

क्यों इनके तेज के सम्मुख,
मेरे दीधिति फीके पड़ रहे हैं ?
ये कौन मानव रूप में,
दिखते सुरेश्वर से बड़े हैं ?

मैं इनका हिस्सा दिख रहा,
दर्पण में वो बस दिख रहे हैं,
मैं देखता हर ओर हूँ,
कण-कण में वो बस दिख रहे हैं ।

परमात्मा से दीर्घ ये,
पिता मेरे प्रत्यक्ष हैं,
मैं कर्म चाहे कुछ चुनूँ,
जनक सभी में दक्ष हैं,
जनक सभी में दक्ष हैं ।

# 5. प्यार की गहराइयाँ

ये प्यार कि गहराइयाँ,
ये प्रेम का धागा सजा,
की प्यार को और साथ को,
तोहफ़ों में कैसे तौलूँगा ?

ऐसे भी मेरा क्या ही है,
सारा ही ले लो तुम,
औकात थोड़ी कम है,
वादा ही ले लो तुम ।

वादा रहा कि, जान दे तुझको बचाऊँगा,
वादा रहा, आवाज़ दे दौड़ा मैं आऊँगा,
वादा रहा, सब कुछ मेरा अब नाम तेरे है,
वादा रहा कि, तेरे सारे प्रश्न मेरे हैं।

वादा रहा, तेरे लिए हर जन को छोड़ूँगा,
कि दैव के हर दाँव को मैं पहले झेलूँगा ।

वादा रहा, तेरे साथ को मैं सब लुटादूँगा,
वादा रहा, तु चाहे तो मैं जग भुलादूँगा,
वादा रहा, तेरे लिए इस जग से लड़लूँगा,
वादा कि, तेरे हर दर्द को मैं अपना करलूँगा ।

तुझे आँसू ना आने दूँ,
मैं चाहे सब बहा दूँगा ।
जो तुझपे आँच आई,
पहले मैं ये जग जला दूँगा ।

जो चिंतित करे तेरे मन को,
मैं हर कारण मिटा दूँगा,
तु चाहे तो जग जीत लूँ,
अंबर झुका दूँगा ।

साथ सत्य और सत्य धर्म है,
इसमें कोई शक नहीं है,
और साथ को मैं तोड़ दूँ,
ये मेरा किंचित् हक नहीं है ।

माना की है अनुज,
और बल-बुद्धि में भी ना बड़ा है,
माना चंचलता से भरा है,
तुझसे हर क्षड वो लडा है ।
यदी कल किसी भी पल,
ये जग विरुद्ध तेरे हो चला है,
बस बात इतनी याद रखना,
ये भाई तेरे संग खड़ा है ।
ये भाई तेरे संग खड़ा है ।।

# समाज

# 6. धर्मरथ

*इस कविता में द्रौपदी संपूर्ण नारी जाती की द्योतक हैं । ये काव्य महाभारत का कोई प्रसंग नहीं परंतु आज के युग का एक ऐसा चित्रण है, जिसे हम अक्सर नज़रअंदाज़ किया करते हैं । पाठक ये भी ध्यान रखें कि माधव के लिये सूत शब्द का प्रयोग केवल क्षणिक कर्म के संदर्भ में किया गया है ना की जाती के । यह नारी सम्मान व सुरक्षा के प्रति हमारे दायित्व कि एक नूतन चेतना है ।*

हे माधव ! तुम्हें जगना होगा,  
की सौ बन रहीं हैं द्रौपदी,  
तुम्हें चीर दान करना होगा,  
और एक बार फिर हर नर को ले,  
कुरुक्षेत्र चलना होगा,  
हे माधव ! तुम्हें जगना होगा ।

हे माधव ! ये क्या हो रहा ?  
हर मोढ़ पे एक द्रौपदी,  
और एक ओर मानो चली,  
जग छोड़ के एक द्रौपदी ।  
हे माधव ! ये क्या हो रहा ?  
तुम ही गिनो ये द्रौपदी ।

और चक्रपाणि फिर जाग उठे,  
उनने कहा मैं हूँ ही क्या,  
मैं धर्मरथ का सारथी,  
और सूत से क्या माँगना ?

मैं तो अनन्तर काल से ही,
धर्मरथ लेकर खड़ा,
और द्रौपदी का शव पड़ा,
मुझसे उठाया जाए ना ।

यहाँ ना कारण, मैं, ना रथ यहाँ,
कहो इस रथ का है योद्‌धा कहाँ ?
तुम कहो भारतवर्ष से,
उसे कौन्तेय बनना होगा ।

और तब मैं हूँगा सारथी,
भारत स्वयं होगा रथी,
और तब जीवित हो द्रौपदी,
नारी की होगी आरती ।
नारी की होगी आरती ।

# 7. कृषि कानून

*भारतीय कृषि अधिनियम भारत की संसद द्वारा सितंबर २०२० में पारित तीन अधिनियम थे। कई किसान संगठनों ने इन अधिनियमों के खिलाफ तीव्र आंदोलन की घोषणा की थी, जिससे प्रभावित होकर मैंने इस कविता की रचना की ।*

मैं ही तो देश की जान हूँ,
मानो तो अन्नदाता भगवान हूँ,
मानो तो स्वयं मैं संविधान हूँ,
मैं तो पूरा हिंदुस्तान हूँ ।
फिर भी कथा सुनाता हूँ,
मैं क्यों दुखी बेजान हूँ ।

सबकी भूख मिटाने को, खाली पेट सो जाता हूँ,
पेट भर नहीं खा पाता, भले खेत भर मैं उगाता हूँ,
जब सूरज भी सोता है, तब कभी जग जाता हूँ,
तब जाकर देश विश्व तक, अन्न मैं पहुँचा पाता हूँ,
फिर भी पेट पालने तक का, मैं ना कमा पाता हूँ,
और सम्मानहीनता से ही, मैं, किसान कहलाता हूँ।

जनता से लेकर सत्ता तक मेरा अपमान करती है,
मेरा लूट-लूट कर, अपना धन मान भरती है,
भूख से मरी आत्मा भी, फिर तो मेरी जलती है,
जब यह माना जाता, इसमें भी मेरी गलती है।

किसानों की रेखा गाँव तक खिंची जाती है,
क्या शहर की जनता बिना भोजन के सो जाती है ?
भारत फसल में आगे है, सबको सम्मान कराते हैं,
हम अपनी खेती के बल पर, भारत का मान बढ़ाते हैं,
फिर भी अपने नियम तक, अपनी मर्जी से ना चुन पाते हैं,
तुम सोच भी नहीं सकते, तब हम कितना पछताते हैं।

क्या तब भी इस देश में जनता का ही शासन है ?
क्या जनता की ही मर्जी है ?
क्या लोकतंत्र की मुर्त है ?
या झूठे आश्वासन हैं,
केवल नेताओं के अभिभाषण हैं,
मनमर्जी का शासन है।

क्या नियम वह गलत नहीं जिनके लिए -
अपना काम मैं छोड़े बैठा हूँ ?
जी जान मैं छोड़े बैठा हूँ ?
अगर सोच सको तो ,
अगर समझ सको तो,
शासन को समझा देना,
यहाँ जनता की ही मर्ज़ी है ,
संविधान को बतला देना,
लोकतंत्र की असली ताकत,
असली शक्ति दिखला देना,
मैं थक गया अब बतला कर,
अब तुम ज़रा दिखला देना ।

# 8. आरक्षण

समानता के गालों पर,
यह नियमों के चाटे हैं,
पूछो ऐसे नियम क्यों ?
क्योंकि, जी अंबेडकर ने दिन काटे हैं ।

संविधान की असंशोधित गलती बताने आया हूँ,
समय बदल चुका है अब तक, यह समझाने आया हूँ,
आरक्षण के कारण मिट चुके,
मैं शब्दों की ज्वाला से,
प्रावधान मिटाने आया हूँ ।

जब समानता चारों ओर,
भेद-भाव का न कोई शोर,
अछूतता, जड़ से मिट चूकी,
समानता से रह रहे सभी,
आरक्षण क्यों जारी है ?
आरक्षण का बोझा आज,
हो चुका कौशल से भारी है ।

मैं इस आरक्षण के बोझे को,
आज हटाने आया हूँ ।
मैं शब्दों की ज्वाला से,
प्रावधान मिटाने आया हूँ ।

नहीं कहता, आरक्षण गलत था,
ना मैं गौरववान इतिहास पर,
प्रश्न आज उठाने आया हूँ,
महानतम के निर्णय को,
ना गलत ठहराने आया हूँ ।

समय की तुम मांग भी देखो,
ज्ञान दिलाने आया हूँ,
मैं ज्ञान की अमर ज्वाला से,
मैं समय की परम शक्ति से,
प्रावधान मिटाने आया हूँ ।

जब समानता विद्या में है,
विद्या का अधिकार सभी को,
ज्ञानस्थली भेद हीन है,
है प्रदान जब ज्ञान सभी को ।
तो आरक्षण हीनता देकर,
क्यों नहीं करते समान सभी को ?
मैं राष्ट्र-हित में समानता की मांग उठाने आया हूँ ।
मैं असमानता के कारण को, आज मिटाने आया हूँ ।

विद्यालयों में समानता से पढ़ें,
तो विश्वविद्यालय आरक्षित क्यों है ?
अगर आरक्षण ही मिलना था,
बराबरी से शिक्षित क्यों है ?

जातिवादी भेद यहाँ क्यों, फिर कौशल पर भारी है ?
क्यों मेहनत के आगे, आरक्षण पर जीत तुम्हारी है ?
मैं ज्ञान की प्रधानता को आज दिखाने आया हूँ,
आरक्षित परिश्रम हीन जीत को आज मिटाने आया हूँ ।

हर कार्य बराबरी का है,
हर छोटे कार्य में इज्ज़त है,
जी, गांधी जी कहते थे,
तो आज, कार्य में आरक्षण क्यों समानता पर भारी है ?

इतिहास की नहीं, वर्तमान, यह गलती तुम्हारी है ।
मैं वर्तमान की गलती मिटाकर, भविष्य बनाने आया हूँ ।
मैं स्याही के बल पर सुंदर दृश्य बनाने आया हूँ,
हर कार्य में भेदभाव के कारण,
आरक्षण, को आज मिटाने आया हूँ ।

फ़िक्र छोड़कर चुनाव की,
दंगे के शक के तनाव की,
बस सही क्या है यह देखकर,
आरक्षण को हटवा दो ।
ए शासक ! अपनी शक्ति से,
इतिहास में लिखवा दो,
वर्तमान अचंभित कर दो,
और भविष्य तुम चमका दो ।

मैं कलम की परम शक्ति से,
समानता की हर एक नींव पर,
देश बनाने आया हूँ,
संशोध कराने आया हूँ ।।

# 9. श्रद्धा हत्याकांड

*श्रद्धा हत्याकाण्ड एक ऐसा वृत्तांत था, जिसने मेरे समाज के प्रति दृष्टिकोण पर एक प्रश्नवाचक चिह्न लगा दिया था । यह कविता जिस द्वंद्व को प्रस्तुत करती है, वो आज के समाज का एक कराल अस्तित्व बन चुका है ।*

एक केस है,
फिर एक हैवानियत का क़िस्सा है,
एक याद फिर उजागर हुई,
कि अपराध देश का हिस्सा है ।
और हर वर्ग की इसपे अपनी टिप्पणी है,
पर कलमों के क़िले में बस शान्ति है ।
किसी का बाप जंगल-जंगल घूम रहा है,
और एक वर्ग इसमें भी पॉलिटिक्स ढूँढ रहा है ।

मैं नहीं कहता कौन सही,
मैं नहीं कहता क्या ग़लत था,
पर कलम की स्याही आँखों से बही,
जब किसी ने कहा अच्छा हुआ,
और लगा इंसानियत का बचा नहीं कोई शब्द सा था,
जब किसी ने कहा, जो हुआ ज़रूरत सा था ।

मैं तो बस घबरा गया हूँ,
इंसानियत के वेश से,
ऐसा मानो डर लगे,
मुझे अपने ही देश से ।

और हर बार कलम उठाता हूँ,
ये सोच के रुक सा जाता हूँ,
कैसे गलत का पक्ष लिखूँ ?
जो विश्व कहे क्या मैं कहूँ ?
वो थी गलत ये मान लूँ,
कलम से हैवानियत लिखूँ ?

और मानो कलम ने मुझे कहा,
और हर वो टुकड़ा चीख उठा,
कि माना थोड़ी मैं गलत,
पर अब दो सोच को पलट ।

मेरा कलम फिर पहले प्रष्ट का,
पहला अक्षर लिखता है,
इसमें किसी का पक्ष नहीं,
और पीढ़ी पक्ष-विपक्ष नहीं,
इंसानियत का क़िस्सा है ।

एक पल के लिये मान लिया,
उसे सबकी सुननी चाहिए थी,
अपनी जीवन की कहानी,
ख़ुद ना बुननी चाहिए थी ।
अपनी मर्ज़ी सर पे रख,
उसे नहीं जाना चाहिए था,
मान पिता का शब्द,
उसे रुक वहीं जाना चाहिए था ।

उसके बाद भी जो हुआ,
उसको कैसे मैं सही कहूँ ?
इससे सही दूँ कलम फेंक,
कुछ नहीं लिखूँ, कुछ नहीं कहूँ ।

मैं नहीं कहता गलत,
किसी वेश को किसी धर्म को,
पर हाँ मैं कहता हूँ गलत,
जो है गलत, उस कर्म को ।

किसी कवि के कलम जब इसपर एक अक्षर भी नहीं बोली,
और पुलिस की बन्दूकों में अबतक सोच रही गोली,
तब देश के दंड शास्त्र को देख नंदित हो जाता हूँ,
ऐसा मानो इस देश में रह फिर ख़ुद दंडित हो जाता हूँ ।

जहाँ मरने पर मरे हुए को ही दोषी ठहराते हैं,
जहाँ अपराधी अपराध समक्ष भी दंडित नहीं हो पाते हैं,
जहाँ रामायण महाभारत के मूल अपमानित होते हैं,
और जहाँ एक गलती पर ३५ टुकड़े हो जाते हैं,
फिर भी न्यायपाल सबूत ढूँढ ना पाते हैं,
और ज्ञानी ये लोग,
टुकड़ों को ही दोषी ठहरातें हैं ।

पक्ष विपक्ष होते यहाँ,
दक्ष नहीं हो पाते हैं,
नारी सशक्तिकरण की बातें कर,
उसको ही गलत ठहराते हैं ।

और जहाँ की जनता, सोच के बल पर,
हैवान को भी सही कहे,
वो फिर खुदको रामायण का,
तनिक भी ज्ञानी नहीं कहे ।

उसके लिए तो सीता का रेखा पार करना, ग़लत था तब,
स्वर्ण हिरण की मोह में आकर माँग करना, ग़लत था तब,
और तब तो रावण का मुझे, हर कर्म सही ही दिखता है,
और देश के किसी नियम में, अब दम नहीं ही दिखता है ।

फिर कलम रो देती है,
दर्द देख और सोच देख,
शब्द की सीमा पार चला जाता है,
फिर ये ज्वलंत पीड़ाकर कटु लेख,
ज्वलंत पीड़ाकर कटु लेख ।

# 10. अग्निवीर

*अग्निपथ क़ानून २०२२ में अपनाया गया था जिसके तहत भारतीय सैन्य भर्ती के कुछ विशेष नियमों में परिवर्तन लाया गया था। इसके ख़िलाफ़ देश के विभिन्न राज्यों में युवाओं द्वारा आक्रामक विरोध प्रदर्शन किए गए, जिनके दोनों पहलूओं का वर्णन इस कविता में है।*

आज फिर, अपने वतन को जलते देख रहा हूँ मैं,
उपद्रवी दुर्भावों को फिर पलते देख रहा हूँ मैं,
पाप के सारे वृक्षों को फिर फलते देख रहा हूँ मैं,
दर्द देश के स्वाभिमान को मिलते देख रहा हूँ मैं ।

अग्निवीरों ने, वतन को अग्नि-भेंट है चढ़ा दिया,
जो जुर्म किसी ने नहीं किया, उस जुर्म का सबको सज़ा दिया ।

देश के युवाओं ने ही,
यूँ ट्रेनों को जला दिया,
जैसे गांधी के सद्भावों को,
फांसी पर हो चढ़ा दिया ।।
और फिर अपने वतन को जलते देख रहा हूँ मैं,
शांति के सारे ख्वाब मिट्टी में मिलते देख रहा हूँ मैं ।

और हे शासक, नियम डालकर तुम भी क्यों सो जाते हो ?
यदी होते सही, तो फिर तुम चुप क्यों हो जाते हो ?
फिर जन संबोधित कर कर तुम भाइयों और बहनों नहीं कहते,
और किसी न्यूज़ की डिबेट में तुम भी क्यों नहीं रहते ?

और यह देश संभालेंगे,
जो खुद को भी न सके संभाल,
पल में शांति भूलकर,
है मचा दिया जो यह बवाल ।

देश के स्वाभिमान की,
तनिक भी ये ना सोच सके,
औरों को तो औरों को,
यह खुद को भी ना रोक सके,

और देश यदि इन्हें मिला, इससे बड़ा क्या शर्म है,
इनने लगाई आग थी, माटी अभी तक गर्म है ।

नहीं कहता तुम हो गलत,
हाँ, हो सही यह मान लिया,
और माना की,
खुद को सही ठहराना था यह ठान लिया ।

पर देखो तो,
इस क्रम में देश का तुमने कितना अपमान किया,
यही भारत का युवा है,
पूरे विश्व को हैरान किया ।

वतन की कितनी उम्मीदों को है तुमने आज, बेजान किया,
और देश की रेलों को जैसे तुमने, नया शमशान किया ।

और इतने पर भी किसी का खून नहीं खौला,
और किसी कवि का कलम कहीं एक अक्षर भी नहीं बोला,

तो यह सोच कर फिर एक बार,
मैं शर्म से कहीं झुक जाता हूँ,
और नहीं मैं लिखना चाहता हूँ,
पर स्याही रोक ना पाता हूँ ।
पर स्याही रोक ना पाता हूँ ।

# 11. गलती तुम्हारी है

सारे वादे लिख देता हूँ,
अब बदलाव लिख देता हूँ,
एक वर्ष प्रतिपूर्व ही मैं,
चौबीस चुनाव लिख देता हूँ ।

है चुनाव चौराहे पर खड़ा,
अब फिर दीन दिख जाएँगे,
हर वर्ष जो वादे वदित,
उसको पुनः दोहराएँगे ।
कुछ पल को अब हुक्मरान,
हुक्म ना दर्शायेंगे,
वो आपकी सुनने आयेंगे ।

ख़ैर सुनते तो हैं ही,
वो करते नहीं हैं,
है डर तो बस इतना,
कि वो डरते नहीं हैं ।

क्योंकि, आप फिर दिखोगे भीड़ में,
चुनाव के चौराहों में,
आप फिर रहोगे नींद में,
मदहोश मदिरा के नशे में ।

तुम भीड़ में ख़ामोश होगे, वोट देने जाओगे,
उस सूची में से, फिर तुम अपनी जाती चुन के आओगे ।
तुम वहाँ, फिर से किसी गुंडे से ड़र के आओगे,
तुम फिर से अपने वोट को, नीलाम करके आओगे ।

तुम फिर से उस हर वाक् पर, विश्वास करके आओगे,
तुम फिर से, लोकतंत्र का उपहास करके आओगे ।
उस दीन को तुम फिर से उस दिन, दास करके आओगे,
तुम फिर पुराने दौर का, आग़ाज़ करके आओगे,
और, और चार वर्ष फिर तुम नाश करके आओगे ।

ये सब है जब, तुमने किया,
तो उसकी गलती है कहाँ ?
वो क्यों ना लेगा फ़ायदा ?
वो नहीं शिक्षित समक्ष,
अपने क्षेत्र में वो नहीं दक्ष ।
उसकी गलती कुछ है नहीं,
वो जी रहा है ज़िंदगी ।

वो फिर तुम्हारे मूल को, मुफ़्त कह लौटाएगा,
वो फिर तुम्हारे राष्ट्र को, इच्छानुसार चलाएगा ।
वो फिर तुम्हारी माँग को, बिन सुने सकुचायेगा,
वो फिर तुम्हारे रूप को, अनजान कह बढ़ जाएगा ।

वो फिर तुम्हारे क्षेत्र में,
अगले चुनाव आएगा ।
यदि प्रश्न करने आ गए,
वो फिर तुम्हें भरमायेगा ।

परंतु तुम यदि जग जाओगे,
जब बदलावों की राह पे चल,
उग्र रूप दर्शाओगे,
वो रूप ना सह पाएगा,
शायद, जन से डर जाएगा ।

शायद ये केवल स्वप्न है,
ये कैसे होगा ? प्रश्न है,
प्रश्न लिखकर छोड़ता हूँ,
उत्तर स्याही जाने नहीं ।

स्याही मेरी जाने है, ये,
कि चौबीस में होगा यही,
फिर एक निर्णय आएगा,
युवा फिर दौड़ कर-कर वोट देने जाएगा ।
फिर वोट देने जाएगा ।

# 12. दृश्य भ्रष्टाचार का

*यह कविता मेरी बाक़ी कविताओं से बहुत अलग है क्योंकि ये कविता स्वयं में एक अनंत कथा है । ये भ्रष्टाचार का एक दीन दृश्य है, जो समाज के चंदन पर इस भ्रष्टाचार रूपी कीट के असली प्रभाव को परखने का प्रयास करता है ।*

निकला तो था, कहाँ गया ?
है भी, कि कोई खा गया ?
वो पैसा जिसके काम का था,
वो निकला जिसके नाम का था,
वो दुनिया छोड़ चला गया,
निकला तो था, कहाँ गया ?

मैं इस कर से, हर अक्षर को,
एक दृश्य देख के लिखता हूँ ।
जो छपा नहीं अखबारों में,
वो पृष्ट देख के लिखता हूँ ।
कि दृष्टिगत विचार का,
ये दृश्य एक लाचार का,
कहाँ शुरू, कहाँ ख़त्म, ये दृश्य भ्रष्टाचार का ?

एक कोने में एक बेचारा है,
दिखने में तो जवान है, पर दिखता बेसहारा है,
मानो किस्मत का मारा है,
या फिर कीमत का मारा है ।

उम्र कुछ 20-25 ही होगी,
मैट्रिक पास है, पढ़ा लिखा है,
इस मंदिर के बाहर,
आज पहली बार दिखा है ।

दिखता तो वो बीमार है,
या फिर, बड़ा नाराज़ है ।
कपड़े आज फटे हैं,
या यही उसका लिबाज़ है ?
दर्द चेहरे पर इतना,
दो रोटी का मोहताज है,
हाथ में कटोरा है, कटोरे में कुछ राज़ है ।

जो राज़ है वो क्या लिखूँ,
वो सूना अंधकार है ।
ढोंगी तो ये है नहीं,
ये सच में ही लाचार है ।

वो दर्द उसके कोशिका का,
ये रूप ही तो है विधा का,
और अंत में मैं सह सका ना,
जा पूछा उससे उसका कहना ।

भाई, कहो क्या गम है तुम्हें ?
जवान हो, बलवान हो,
वो क्या है जो कि कम है तुम्हें?

तुम काम ढूंढ न लेते हो,
भिक्षा की तुम आस लिए, ठाकुरद्वार पर रहते हो,
क्यों दर्द इतना सहते हो ?
तुम मुझसे क्यों न कहते हो ?

मानो की वो बस रो पड़ा,
मानो की वो बस रो पड़ा,
बरसों का दर्द कहने चला,
उसने कहा क्या-क्या कहूँ,
तुम कितना ही सुन पाओगे ?

जो दुनिया कहती आई,
वैसा कुछ कहोगे, जाओगे ।
न दुनिया ने ही कुछ किया,
न तुम ही, कुछ कर पाओगे ।

मैं फिर भी सुनना चाहा, तो वो रो पड़ा,
और कह दिया –
ये नियति समाज की,
है क्या लिया और क्या दिया ।

उसने कहा कि होने को तो मैं भी बड़ा विद्वान था,
बारहवीं में दिग्गज था, मेरा विषय विज्ञान था ।
गरीब घर का था मगर,
अमीर बनना चाहता था,
मैं भी अपने हाथ से,
तकदीर बुनना चाहता था ।

नियति तो क्रूर थी,
और आत्मा मजबूर थी,
मेरे जन्म के वक्त से ही,
जननी मुझसे दूर थीं ।

पिता जब बीमार हुए,
मुझे भी होश न रहा,
दरख्वास्तें लगाईं तो,
सुनो फिर क्या-क्या हुआ ।

पैसे हम देंगे इलाज़ के,
सरकारों ने ये कहा था,
अर्थी उठाके पूछा जब - बोलो कि वो पैसा कहाँ था ?
उनने कहा निकला तो था,
निकला तो था ।

निकला तो था,
कहाँ गया ?
है भी कि कोई खा गया ?
वो पैसा जिसके काम का था,
वो निकला जिसके नाम का था,
वो दुनिया छोड़ चला गया,
निकला तो था, कहाँ गया ?

मेरा सब कुछ खो गया,
भविष्य का अब क्या पता ?
ढुंढा की मेरा साथ दे,
सरकार कोई योजना ।

सोच-समझ और आस लिए,
आवेदन, डाल ही दिया,
शासन ने फिर वो ही किया,
उनने कहा निकला तो था ।

निकला तो था, कहाँ गया ?
है भी कि कोई खा गया ?
वो पैसा जिसके अरमानों का,
वो सड़क पर आ गया ।

फिर कई आई रिक्तियाँ,
सबने लिगाई युक्तियाँ,
मेरी भली थी रीतियाँ,
तो फिर मुझे कुछ न मिला ।

मैं सही था, मैं भला था,
मैंने सरकार को चुना था ।
मेरा हुआ ऐसा सिला,
अब क्या गिनाऊँ मैं गिला ?

वो रुक गया, वो रो दिया,
मैं भी तब क्रोधित हुआ ।
मैं चीख उठा अंतर्मन में,
शासक ये ऐसा क्यों किया?

लेकिन, मैं भी अब क्या लिखूँ,
मैंने भी आखिर क्या किया ?
दुनिया फिर चलती रही,
और मैं भी तो, बस चल दिया ।।

# 13. शब्दों का मानचित्र

*भारत देश की अद्‌वितीय संस्कृति इतनी विविधापूर्ण है कि यदि मैं उसके वर्णन के लिए सहस्र शब्दों का भी उपयोग करूँ तो भी वही सागर में गागर के समान होंगे । ये कविता तो बस उस सूर्य हेतु एक लघु दीप है ।*

शब्दों की श्रृंखला, लिपि का संगम,
पूरा विश्व, खंड-खंड देश-विश्व आलिंगन है।
यह सोने की चिड़िया है,
यहाँ भाषा का संगम है।

यहाँ जितने राज्य नहीं,
उतनी अनोखी बोली है।
रंग- शब्दों से भरी हुई,
यह मानचित्र रंगोली है।।

और यहाँ देश का हर कोना,
हर भाषा से है जुड़ा हुआ।
उम्मीदों से है जुड़ा हुआ,
अभिलाषा से है जुड़ा हुआ ।।

यहाँ डाल-डाल पर कोयल बैठी,
मधुमय गीत सुनाती है।
हर राज्य की हर बोली,
संस्कृति दर्शाती है।।

भाषा, बोली संग रखो तो,
आकृति बन जाती है।
और विश्व के हर कोने में,
दिव्य-कीर्ति छा जाती है। ।

# 14. बजट की आत्मकथा

हर साल पेश होता हूँ मैं,
चोरों की सभा में,
राष्ट्र सेवा कर्म मेरा,
पेश लोकसभा में ।

किसको चुनूँ मैं,
लोक या फिर राष्ट्र में फसा हूँ,
इमारतों का मूल हो,
मैं धूल में धसा हूँ ।

ये शोक का कारण मेरा,
मैं बात इसकी डर में हूँ,
एक-चौथाई सड़कों पर,
आधा किसी के घर में हूँ ।

मैं, मैं सिक्के रो देता हूँ,
ख़ुद को व्यर्थ जाता देख,
किसी को उड़ाते देख,
किसी को कमाता देख ।

मैं सही दिशा में तो,
बहुत चला था राह पर ।
मैं नतमस्तक मंदिरों में,
मैं चढ़ गया दरगाह पर ।

मैं चला था,
सुरक्षा-शिक्षा के वादे किए हुए,
किसी गरीब का सपना था,
जो मैं चला लिए हुए ।

मैंने हर वर्ष सोचा था,
कि देश को बना दूँगा,
मैं स्वराष्ट्र की शक्ति,
इस विश्व को दिखा दूँगा ।

पर लग रहा,
किसी जाने से मोढ़ पर रुका हूँ,
वो तो पहले से अमीर थे,
मैं फिर से जिन जन का हुआ हूँ ।

मेरा आदेश ये मानो,
मुझे सड़कों तक जाने दो,
मुझे संसद में मत रखना,
मैं ख़ुद अब सत्र बनकर रह गया हूँ ।

परिचय कहूँ तो अर्थ हूँ,
मैं अर्थ हूँ, परमार्थ हूँ,
व्यर्थ फिर समाप्त हूँ ।।

# 15. सीधे सवाल

*मेरी लेखनी किसी सरकार का विरोध नहीं करती क्योंकि विरोध और समर्थन व्यक्ति का नहीं निर्णय का होता है । अड़ानी घोटाला, इस तथाकथित २००० करोड़ के वित्तीय घोटाले के वर्णन को मैं सरकार से सीधे सवाल करने के अपने सामर्थ्य का सर्वोत्तम उदाहरण मानता हूँ । हर पंक्ति में श्री नरेंद्र मोदी जी के नाम का उपयोग, थोड़ा विषम भले प्रतीत हो परंतु मेरा मानना है कि यह आवश्यक था ।*

देश के धोखेदारों के हर नाम बता दो, मोदी जी,
नहीं तो जनता में आओ, और काम गिना दो, मोदी जी ।
बदले में क्या-क्या किया नीलाम बता दो, मोदी जी,
जो अंबर तक बढ़े हुए हैं, वो दाम बता दो, मोदी जी ।
सरकारी हर अनुबंध, हर काम बता दो, मोदी जी,
हर के ठेकेदारों का भी नाम बता दो, मोदी जी ।

अड़ानी ने छीने पैसे, तुम भी दोगे, मोदी जी ।
क्यों दिया धोखा देश को, ये कब कहोगे, मोदी जी ?
उसकी सब कमाई, सीधा भूतल पर कैसे आई ?
साथ में डूबा है लेकर कितने लोगों को, मोदी जी ?

आखिर क्या थी उसके हर एक किस्से की सच्चाई ?
आकर बतला दो थोड़ा, वो भी जनता को, मोदी जी ।
या तो उसके लूटे पैसे, आप लौटा दो, मोदी जी,
या फिर उसके घर में भी ई.डी बुलवा दो, मोदी जी ।

आप नहीं गलत, ये मान लिया चलो, मोदी जी,
गलत हर एक व्यक्ति का आप नाम बता दो, मोदी जी ।
जनता प्रतीक्षित है, आप भी आकर बोलो, मोदी जी,
उसके-अपने हर एक सिद्ध इंज़ाम हटा दो, मोदी जी,
इंज़ाम आप पे कम नहीं, हो चुप क्यों बैठे, मोदी जी ?
क्यों एयरपोर्ट अड़ानी को, सारे दे बैठे, मोदी जी ?
पूछ रही है सारी जनता, कुछ नहीं कहते, मोदी जी ।

अड़ानी के सारे स्टॉक, क्यों उछल-कूद कर बैठे है ?
उसके कारण कितने लोग, अपना सब कुछ खो बैठे है ?
और फिर मीडिया, क्यों आखिर कुछ नहीं कहती, मोदी जी,
आज देश की संप्रभुता, खतरे में बैठी, मोदी जी ।
लोकतंत्र खतरे में है, अधिकार खो गए मोदी जी,
डर शासन का इतना है, सब मौन हो गए, मोदी जी ।

कलम सिपाही चीख रहा है,
जवाब खो गए, मोदी जी ।
गलती अड़ानी की, भरोसा आप को गए, मोदी जी ।
भरोसा आप खो गए, मोदी जी ।

# 16. मणिपुर हिंसा

*मणिपुर हिंसा जातीय हिंसा का एक ऐसा चित्र था जिसका स्मरण भी भयभीत करता है । परंतु भाग्यवश, मेरे प्रश्न जातियों में उलझना नहीं जानते, मेरे प्रश्न उस कलंकित राजनीत से हैं, जिसने अपने मौन के बल पर एक द्‌वंद्‌व को गृहयुद्‌ध में परिवर्तित करने हेतु छोड़ दिया ।*

लोहा था पिघल गया,
एक राज्य था जो जल गया,
पक्ष विपक्ष सबके समक्ष, सब बदल गया,
था किसका फ़ैसला ?

राजनीतिक खेल था,
प्रतिद्‌वन्द्‌व था विचार का,
चीख के हूँ पूछता,
जो मैं युवा हूँ आज का ।

दो गुट लड़ें तो लड़ें,
कुछ जन मरें तो मरें ।
अन्तर्मित जो द्‌वंद्‌व चला,
वो गृहयुद्‌ध चाहे बने ।
लेकिन हम ना मानेंगे,
दिल्ली तक आग ना आएगी,
तब तक जलने देंगे ।

कौन है ये नारी, हम ना जानते ?
अच्छा हादसा असली है,
चलो हम ना मानेंगे,
हम क्यों ही लड़ेंगे ?

सौ बनेंगी द्रौपदी,
हम दुर्योधन,
हम हैं सही,
तो हम ना सोचेंगे ।

हम गद्‌दी से चिपके पड़े हैं,
हम क्यों छोड़ेंगे ?
अपनों के प्रति, युद्‌ध मोढ़ खड़े,
दूजे को मारेंगे ।
गद्‌दी ना छोड़ेंगे,
भले हम राष्ट्र तोड़ेंगे ।

कई दिन जली, बुझने को है,
ये आग थी, मिटने को है,
है क्या हुआ, कुछ खो गया ।
भवन भू में मिल गए,
भारतीय थे की नहीं,
जो अनल में जल गये ?

शोणित का सागर बहे,
जब तक कमल हैं खिल रहे ।
तब तक निरंकुश तर्क हैं,
और क्या ग़लत, और क्या सही,
ना पूछता जग फ़र्क़ है ।

और मैं क्या बताऊँगा,
था वो किसका फ़ैसला ?
कुछ लोग मरें तो मरने दो,
कुछ घर जलें तो जलने दो,
देश चलचित्र बन चुका,
तो नेता वाक् तक क्यों रुके ?
अभिनैतिक शब्द भी चलने दो ।

जब तक रक्तज हैं खिले हुए,
मैं बस यही हूँ जानता,
और यह ही कहना है सही,
पूछना ये ना सही,
कि क्या ग़लत और क्या सही ।

# 17. सीधा सुझाव

हे जनाधीश !
भारत के प्रधान,
हे वत्नाधीश !
प्राणी महान आज लिखता हूँ मैं,
लोकपाल को सौगंध याद दिलाने को,
जिसे भूल चुके हो तुम शायद,
वो वचन तुम्हें दोहराने को ।

मैं देश नहीं मिटने दूँगा, मैं देश नहीं बिकने दूँगा ।
सिखलाया था तुमने जो, पुनः तुम्हें सिखलाने को,
आज लिखता हूँ मैं,
लोकपाल को सौगंध ये याद दिलाने को ।

तुम बेच रहे, खुद्‌दारी को,
तुम बेच रहे, आज़ादी को,
तुम बेच रहे, सरकारी को,
तुम बेच रहे, आबादी को ।

तुम बेच रहे, उड़ानों को,
हो बेच रहे, मकानों को,
भारत माँ की धरती बेची,
तुमने अनेक शैतानों को ।

हे लोकपाल ! जो एकमात्र, शपथ थी अच्छी भूल गए ?
तुम काबिल ना रहे गद्‌दी के,

हर बात जब सच्ची भूल गए,
हर चीज़ जो मेरे वतन की थी,
है दौड़ लगी नीलामी की,
ऐसा लगता तुम रच रहे तस्वीर, नई गुलामी की ।

कुछ तो छोड़ो ऐसा,
जिससे गर्व से चौड़ा सीना हो ।
ऐसा न लगे, जैसे तुमने,
यह वतन हम ही से छीना हो,
तुम्हें जनाधीश कहने में, जिससे हमें सम्मान रहे,
कुछ न रहे, तो कम से कम,
चेहरे पर मुस्कान रहे ।

भले हमें मुनाफ़ा हो,
या फिर थोड़ा नुकसान रहे,
पर वतन तो तुम ऐसा छोड़ो,
कि भारत देश महान रहे ।

कुछ तो ऐसा आग़ाज़ करो,
अपना ऐसा अंदाज़ करो,
कि पीढ़ी, तुमसे सीख सके,
नाम तुम्हारा इतिहासों में,
स्वर्णीमता से लिख सके ।

कहलाओगे महात्मा,
बस आत्मा वतन की मत बेचो,
तुम रखो लिहाज़ इतना तो,
कि ख़ुशियाँ चमन की मत बेचो ।

अच्छे दिन लाने वाले !
यदि दिन-दीन को गिन बेचोगे,
यह देश तुम्हें ना सह सकेगा,
यदि मुस्कानों को छीन बेचोगे ।

रह ना सका इस धरती पर,
जिसे इस वतन ने ठुकराया है,
इस डर से तो कुछ ऐसा करो,
कि भारत माँ भी गर्व से कहें,
मोदी सा बेटा पाया है ।

# 18. वृक्षों की दुनिया

*मैं प्रकृति पर लिखने वाला कवि नहीं परंतु प्रकृति का अंश तो अवश्य हूँ । यह कविता मेरी है यह मानना तो मेरी लिए सरल नहीं क्योंकि ऐसा प्रतीत होता है उस वक्त स्वयं कोई वृक्ष, अपने काष्ट से बनी लेखनी थामे, अपने पत्र से बने पृष्ठ पर लिख रहा था और मैं तो केवल एक साधन मात्र था ।*

हाँ, हो तुम इंसान, पर मुझमें भी है जान,
मुझे मार देते हो, तुम पर नहीं लगता इंजाम ।
धूप हो चाहे वर्षा, आता सदा ही काम,
मेरे बिना पृथ्वी का, क्या होगा अंजाम ?
हाँ बोल नहीं सकता, फिर भी दर्शाना चाहता हूँ,
हाँ, मैं दुखी हूँ, तुम्हें अपना शोक दिखाना चाहता हूँ।

मैं सूरज में तपता, तब ही तुम जी पाते हो,
मैं बारिश में भींगता, तब जाकर तुम जल पाते हो,
हाँ, मेरे ही परिश्रम का, तुम यह फल खाते हो,
हाँ, मुझ से बने पन्नों पर ही, तुम पढ़ पाते हो ।

भोजन भी मेरी सब्ज़ी का,
मेरी औषधियों पर ही, तुम जी पाते हो,
फिर भी एक वृक्ष बोने तक की,
तुम जगह न ढूंढ पाते हो ।
और जितने हम हैं,
उन्हें भी, तुम काट हटाते हो ।

हाँ, मेरा भी दिल दुखता है,
जब खुद को कटते मैं देखूँ,
जब बसे बसाए जंगल को, मिनटों में हटते मैं देखूँ,
जब अपनी घनी आबादी को, तेज़ी से घटते मैं देखूँ,
और तुम जैसों की गलती से,
खुद को जलते मैं देखूँ ।

पर कुछ कर नहीं सकता,
क्या मैं कहूँ, कि मेरी भी मजबूरी है,
तुम्हें भले नहीं लगता,
मेरा रहना भी ज़रूरी है,
मुझे हटा-हटा कर तरक्की की राह बनाते हो,
ना जाने तुम कब समझोगे,
अपनी ही जड़ें मिटाते हो ।

ना जाने शासन है भला, या यह शासन की ही गलती है,
मुझे बचाने के लिए क्यों नहीं पाबंदी बढ़ती है ?
या कहूँ शासन ने दिए नियम,
पर लोगों की यह भूल सदा,
मेरी जान जो नहीं बचा सकते,
क्या करेंगे मेरा क़र्ज़ अदा ?

ना कुछ समझ पाता, ना कहने की कुछ हालत में,
क्या करूँ मेरी सुनवाई नहीं, राष्ट्र की किसी अदालत में ।
मैं गलत नहीं फिर भी, कैसे अपने पक्ष को दर्शाऊँ मैं ?
सोच नहीं पा रहा, कैसे जान अपनी बचाऊँ मैं ?

इतना कुछ कहने पर भी, यदि वृक्षों की वही हालत है,
तो फिर मनुष्य की ऐसी बुद्धि पर मुझे लानत है ।
अगर सुनकर कुछ करना चाहो,
अगर वृक्षारोपण की तरफ मुड़ना चाहो,
हम वृक्षों की दुनिया में सदैव तुम्हारा स्वागत है ।
सदैव तुम्हारा स्वागत है ।

# 19. शिक्षा प्रणाली

*इस कविता की पृष्ठभूमि में ये ज्ञप्ति आवश्यक है कि मैं शिक्षा के विरुद्ध नहीं हूँ परंतु शिक्षा प्रणाली के विरुद्ध हूँ । ज्ञानार्जन तो मानव का मूलाधिकार भी है और धर्म भी । मेरा मानना है कि हम इस कर्म हेतु एक अनुचित प्रणाली के साथ बढ़े जा रहे है ।*

जिंदगी की एक अलग ही लड़ाई है,
किसने बनाई, न जाने क्यूँ बनाई है ।

भोला सा बचपन छीन लेती है ये,
दूर करती है ये, दुख देती है ये,
हर कदम सवाल उठाती है,
मन के जवाब न देख पाती है ये ।

खुद को क्या समझाएगी,
हमको न समझ पाई है,
जिंदगी की ये एक अलग ही लड़ाई है,
किसने बनाई, न जाने क्यूँ बनाई है ।

बचपन से सपनों को मार दिया है,
सुनो इसने क्या-क्या किया है ।

मैं तो उड़ना चाहता था,
इसने कहा कि दविज नही हैं ।
मैने दहाड़ने की ठानी,
ये कही, तू शेरों के बीच नहीं है ।

मैं तो राजा-रंक न जानता था,
जब तक इससे न जा मिला था,
मैं तो कोई धर्म न मानता था ।
मैं तो एक विश्व में रहता था,
जहाँ खड़ा, उस धारा को अपना कहता था ।

कोई देश मेरा दुश्मन न था,
औरों से छीना कोई धन न था,
इसने ही तो भेद-भाव सिखाया था मुझे,
गलत है, ये फिर इसने बताया था मुझे ।

जब तक इससे न जा मिला था,
मैं कुछ गलत न सोचता था,
क्या है सही और क्या गलत,
एक पल पलट न सोचता था ।

मैं एक आज़ाद परिंदा था,
मुझे सीमा इसने सिखला दीं ।
ख़ुदा ने सर्वश्रेष्ठ बनाया था,
और कमियाँ इसने गिनवा दीं ।

मेरे ख्वाबों के सूरज पर,
ये कैसे बदल छा गए ?
और तुम सीमा में सीमित हो,
और तुम बंधन में बंधित हो,
ये कहते फिर ये आ गए ।

जब भी अलग कुछ था सोच,
सोचा कि दूँ दुनिया पलट,
इसने कहा तुम हो गलत
बस जो लिखा है वो लो रट ।

और न मैं समझ पाया,
न दुनिया समझा ही पाई है,
जिंदगी की ये एक अलग ही लड़ाई है,
किसने बनाई, न जाने क्यूँ बनाई है ।
न जाने क्यूँ बनाई है ।

# 20. वसुधैव कुटुंबकम्

उजाकृतम दिवाकरम्,
बहुवृत्तम् पर्वतशीलम्,
उन्नतभवम् एकैककदम,
सदैव जयतु भारतम् ।

हर एक कदम स्वराष्ट्र का,
त्रिकाल दर्शन है स्वयं,
एक विचार सहस्र समम्,
वसुधैव कुटुंबकम् ।

यहाँ गाँव-गाँव है सोच नई,
खोज यहाँ हर रोज़ नई,
अनुपम अद्वितीय संस्कृति,
अकल्पनीय प्रकृति ।

वार्ता विज्ञान की,
चर्चा संविधान की,
कालचक्र के समम्,
तीव्रता की हर गति ।

आकृति भाषाओं की,
संस्कृति की कीर्ति,
मनोदशा चहुर्दिशा,
उम्मीद से भरी हुई ।

हर कल्पना है अप्रतिम,
अंतानंत एक सत्कथम्,
जयतु भारतम्,
सदैव जयतु भारतम् ।

# सद्धर्म

# 21. कर्मभूमि

क्यों मेरी कर्मभूमि पर,
लहू के ये पड़े छींटे ?
क्यों, मैं बढ़ रहा हूँ शोक में,
यूँ आँख को मींचे ?

क्यों नर निस्तब्ध होकर हैं खड़े,
साम्राज्य के मेरे ?
दीधिति सामने मेरे,
मुझे क्यों दिखते अंधेरे ?

मानसभावन की शमा,
पर भय की प्रतिच्छाया ।
ये मन क्यों मान पाए ना,
कि मैं सही राष्ट्र में आया ?

क्या ये वही राष्ट्र है,
जहाँ धर्म हेतु युद्ध होते थे ?
अधर्म के आभास से,
जहाँ नर क्रुद्ध होते थे ।

कि हाँ, सद्धर्म के हेतु,
जहाँ जन, जान देते थे,
यदि था धर्म कुछ कहता,
उसे सब मान लेते थे ।

अब मुझे द्वेष है दिखता,
मानव के अंतर्मन में,
एक रूक्ष लोभ का फलता,
यहाँ इस दैन्य जीवन में।

मुझे डर है,
इस युग के लिए क्या काल लाएगा,
लगे कि,
रूप भी मेरा यहाँ निष्फल हो जाएगा ।

मेरे मन में अब इस विवेचना की एक ऊर्मि है,
बड़े ही दुख से कहता हूँ,
ये मेरी कर्मभूमि है ।
ये मेरी कर्म भूमि है ।

# 22. धर्मयुद्ध

मासूमों को मरने दो,
विचार टकराने दो,
एक बार, युद्ध को दो धर्मों के आर-पार हो जाने दो ।
एक ओर समुच्चय विश्व रखो,
एक ओर इस्लाम हो जाने दो,
न उम्र पूछो, ना कद देखो,
सबको हलाल हो जाने दो ।

एक बार युद्ध को धर्मों के आर-पार हो जाने दो,
इतना खून बहा दो, कि धरा प्रताड़ित लाल रहे,
नदी बहे तो लाल बहे,
कोई फूल खिले बस लाल खिले ।

क्या तुम भी फिर उस धर्म युद्ध में, धर्म निभाने आओगे ?
क्या तुम भी ऐसे युद्ध में आकर, अपना फर्ज़ निभाओगे ?
अल्लाह या केशव के खातिर, क्या तुम भी लड़ने जाओगे ?

वो क्रूर बहुत भड़काएंगे,
बहकावे में आ जाओगे ?
क्या मैं चादर को फाड़ूँगा ?
क्या तुम गौ माँ को खाओगे ?

क्या तुम उसको मारोगे,
जो ईद पे भी घर आया था ?
और अपने घर दिवाली थी,
तो उसने बहुत बुलाया था ?

क्या उस दिन एक पल के ख़ातिर,
तुम भी नहीं रुक जाओगे,
अपनों के विरुद्ध जाओगे,
या फिर कहीं छुप जाओगे ।

किसने देखा है ये खुदा ?
है कौन मिला भगवानों से ?
जिसने जाना, जिसने सुना, है सब सिखा इंसानों से ।
तो मानवता ही धर्म प्रथम,
फिर क्यों ये युद्ध हो जाने दूँ ?
क्यों मानव के हर कड़ को फिर मानव विरुद्ध हो जाने दूँ ?

ये कौन लोग जो प्रबुद्ध नही क्रुद्ध होना चाहते हैं ?
शोणित की धरा बहा जो शुद्ध होना चाहते हैं ?
हमें युद्ध बीच डाल, बुद्ध होना चाहते हैं ?
अटल विश्व के शत्रु ये,
ये तुम नहीं,
ये मैं नहीं,
अल्लाह ने बस इनसे कहा, ऐसा तो मुमकिन है नहीं ।

तो फिर ये कैसा धर्म है ?
जो किसी ने कहा नहीं,
जो कहीं पे लिखा नहीं,
जो गीता में न दर्ज,

मौलाना ने पढ़ा नहीं,
ये धर्म का कैसा नियम ?
जो है कभी बना नहीं ।

सोचना समझ लेना,
मुझको भी देना बता,
ये धर्म का कैसा नियम,
नहीं लिखा, मुझे ना पता ।

# 23. कर्ण

महाभारत पर लिखने चला,
जब पात्र को चुनने चला,
ख़ुद लेखनी ने लोक दर्शन कर कर्ण को चुन लिया ।
पात्र की बात थी पर पार्थ को भी ना चुना,
लेखनी ने ख़ुद स्वयं परमार्थ को भी ना चुना ।

एक ओर सारी कीर्ति,
एक ओर सारे धर्म को,
एक ओर सिद्धियाँ रखीं,
एक ओर रख दिया कर्म को,
और चुन लिया अब पात्र को,
वो छोड़ आई पार्थ को ।

उसने चुना सूत पुत्र को,
प्रथा कुल में उसने ना गिना,
वो कैसी ही जननी थी जिसका क्षीर भी था गुमशुदा,
चुनने चली तो सूर्य का संबंध उसने ना चुना,
सूत को सिंधु में शोणित समम बहने दिया,
जो हुआ रहा देखता,
कैसा जनक ? कैसा पिता ?

जाती देख ना शिक्षा दी,
वैसे गुरुओं को शुक्रिया,
बस जाती जानकर श्राप दिया,
उन परशुराम को शुक्रिया ।

भ्रमास्त्र को भुला दिया,
क्यों छोड़ दी जीवात्मा,
कैसे गुरु ? कैसे ज्ञानी ?
मैं क्यों कहूँ परमात्मा ?

शस्त्र-शास्त्र सब संग समेटे,
संघर्ष पथ पर चल दिया,
ज्ञान का ख़ुद जनक हुआ,
पौरुष को जन्म भी स्वयं दिया ।

जीवन संघर्ष था परंतु, कुछ तो था सरल भी था,
जन्म से ही साथ में, एक कवच और कुंडल भी था ।

माना कि वो कुल हीन था,
पर दान का था देवता,
वचन का ऐसा व्रती,
दे प्राण दे मीत के प्रति,
उसके लिए रड़ खेल था,
सदा, दीन की हो उन्नति ।

महादान के उस यज्ञकुण्ड में, एक और आहुति दी चढ़ा,
स्वयं उन देवेंद्र को, परमार्थ को, विभास को, नरेंद्र को, सुरेश को,
कवच भी दान कर दिया व्रत के प्रति, उन इंद्र को,
ना जाने ऐसे-ऐसे कैसे थे देवात्मा,
उनको भी क्या ही कहूँ,
उनको भी बस शुक्रिया,
देवकुल का था कुछ फ़ायदा,
तो वो भी अब था ले लिया ।

धर्मक्षेत्र में, कुरुक्षेत्र में,
जो कुछ भी माधव ने किया,
कर्ण था कण-कण में था,
जब काल भी ख़ुद कर्ण था,
ख़ुद कर्ण था कारण बना,
कर्ण के अघोष से,
कम्पित थी जब ख़ुद ये धरा ।

माधव ने तब जो भी किया,
ना जाने कैसा धर्म था,
गुड-दोष की करूँ विवेचना,
उसके तो योग्य ना कर्म था ।

नियति ने जन्म से चलता, फिर नाता दिखा दिया,
पार्थ को विजयी बना दिया,
रथ को धरा में फसा दिया ।

वो क्षण ना था, वो शोक था,
धर्म-अधर्म को तौलता,
धनंजय ने फिर धनु से,
धर्म सब जब ध्वस्त किया,
मैं क्यों कहूँ उसे क्षत्रिय ?

अचल बन गोपाल ने,
सब कुछ किया, होने दिया,
मैं कैसे कर्ण को गलत कहूँ ?
क्यों कहूँ केशव को देवता ?
क्यों कहूँ केशव को देवता ?

# 24. दैव से विद्रोह

क़िस्मत खड़ी थी द्वार पर,
वो कह रही पुकार कर,
तू थाम ले मेरी डगर,
आ ले चलूँ तुझे नव सफ़र ।

जिस कर्म में तू लीन है,
वो कर्म एक ज़ंजीर है,
और अंत में होता वही,
कहती मेरी जो लकीर है ।

कर्मयोग कमज़ोर है,
अब दैव तेरी ओर है,
ये कर्म अंधेरी निशा,
मनसा में मेरी भोर है ।

तू थाम ले उँगली मेरी,
मेरी राह में बाधा नहीं,
तू मान मेरी बात ले,
ये सत्य है श्लाघा नहीं ।

मैं तो स्वयं वो सत्य हूँ,
जो है अटल निश्चित सदा,
मैं ही अलौकिक तथ्य हूँ,
कोई कर्म ना मुझसे बड़ा ।

उसने हाथ थामने को कहा,
जाने क्यों मैं रुक गया,
और दैव से विद्रोह कर,
फिर कर्मयोग पर बढ़ गया ।

# 25. अजनबी

हाँ, हम आए थे ईद पे,
तुम भी तो थे दिवाली में,
तुमने रंग हरा सा,
क्यों भरा था मेरी लाली में ?

मैंने मस्जिद में जाकर फिर वहाँ,
मूरत को ढूँढा था ।
तो तुमने भी तो,
श्री राम के घर को तोड़ा था ।

हाँ माना कि बँटवारे का निर्णय था, मेरा था,
तो तुमने भी तो, राष्ट्र तोड़ा, साथ छोड़ा था ।
हाँ माना मैंने पुरातत्व के हिसाब गिनवाये,
तो तुमने भी तो अबला को थे, हिजाब दिलवाए ।

हाँ माना कि था जुलूसों में,
मैं खड़ा था जोश में,
हाँ माना कि मैं था गलत,
मैं था खड़ा तलवार ले,
तो तुम भी क्यों लड़ने आए ?
क्यों भीड़ को तुम भड़काए ?

माना कि तुम्हारी नमाज़ पे,
मुझे ना प्रश्न करने थे,
तो तुम्हें भी पंडितों को मारकर,
ना जश्न करने थे ।

मैं क्यों ग़लत था ?
मैंने भी क्या बिगाड़ा था ?
बटवारे के उस काल में भी,
मैं तुम्हारा था ।

मगर उस रात इस मानचित्र को, मैंने न फाडा था ।
मैं फिर अनंतर काल तक, धर्मनिरपेक्ष बना रहा ।
धर्म ना पूछा,
जब मैंने तुमको सम्मानित किया ।

और द्वेष नित ना मिटा पाए हम,
कितनी ही बातों के बाद,
उन दंगों में हम अजनबी थे,
कितनी ही मुलाक़ातों के बाद ।

बात तो वो जो भी थी,
बस चार पल की बात थी,
पर खून के धब्बे मिटेंगे,
कितनी बरसातों के बाद ।

# 26. चीर-हरण

मेरे हाथों में अब लहू है,
मेरी आँखों में पानी है,
मेरी ये लेखनी ऐसी कथा,
अब लिखने वाली है ।

ज्ञान का अंकुर हो,
उनसे प्रश्न करने हैं,
कि जिनकी वाणी में ही,
कई युगों के ज्ञान बसते हैं ।

मेरे प्रेरक पितामह भीष्म,
यहाँ हो मौन बैठे हैं,
स्वयं धृतराष्ट्र की है ये सभा,
यहाँ द्रोण बैठे हैं ।

जो यहाँ भगवा में बैठे हैं,
वो ख़ुद कृपी के भ्राता हैं,
क्या फिर ऐसी सभा में,
धर्म अक्सर हार जाता है ?

द्‌युत क्रीड़ा में पार होती धर्म की सीमा,
धर्म राज अब क्यों यहाँ फिर, धर्म देखें ना ?

धन-मान तो इस क्रीड़ा के,
अन्य किससे हैं,
ये वो अपवाद बेला, जब क्रीड़ा में,
भाई लगते हैं ।

जब स्वयं को भी,
युधिष्ठिर, हार जाते हैं,
वो कुल के समुच्चय गौरव को भी,
दाँव पर लगाते हैं ।

पितामह मौन हैं अब भी,
ना अर्जुन ही है कुछ कहता,
विदुर जी चीखते जाते,
वो ठहरे नीति के ज्ञाता ।

मेरे लहू का कण-कण जल रहा है,
दुशासन केश थामे चल रहा है,
दुर्योधन जंघा अपनी पीटता है,
हुई क्षत्राणियाँ दुर्बल यहाँ हैं ।

कृष्णा क्रोध में विलाप करती,
कूल ही कुल के, वो अब चरणों में पड़ती,
कुलवधू प्रश्न पूछे बढ़ रही है,
किसी के पास शेष उत्तर नहीं है ।

"है नारी का सम्मान क्या ?
वो वस्तु है या वसुधरा ?
कहो क्या अर्थ इस संबंध का है ?
कहो तुम इस विषय में धर्म क्या है ?"

"वो पूछे भीष्म से, ये कैसी होनी ?
क्या ये होता यदि मैं पौत्र होती ?
द्रोण बताएँ, मैं वधू हूँ या पुत्री ?
कहें मैं दासी हूँ, या मैं हूँ नृपणी ?"

"तात कहिए, क्या ये कोई प्रथा है ?
क्या इस कुल में, ये पहले भी हुआ है ?
क्या मेरा आपसे संबंध ना है ?
कहिए कि क्या ये आपकी आज्ञा है ?"

"ऐसा होता नहीं है, मेरे घर में,
नारी हेतु वहाँ, मरते हैं रण में,
वहाँ नारी सम्मानित है, सभा में,
वहाँ पौरुष है बसता, उस प्रजा में"

कर्ण अब वैश्या उसे कह रहा है,
ये दृश्य, मुझसे लिखा ना जा रहा है,
दुर्योधन आदेश अभद्र दे रहा है,
अब भी युधिष्ठिर, ये सब सह रहा है ।

पितामह तलवार खोई है,
या की तूणीर ख़ाली है ?
द्रोण अब शस्त्र थामो,
आपदा अब होने वाली है ।

द्रौपदी पाँच पतियों में भी कहीं,
पौरुष को ढूँढे है,
यहाँ धृतराष्ट्र अंधे हैं,

क्या बाक़ी सारे गूँगे हैं ?

दुशासन चीर पर अब हाथ देता,
कलियुग सा क्यों दिखे,
मुझको ये त्रेता ?

देख अब इस दशा में भार्या को,
अधर्मी के करों में आर्या को,
कोई तो जगो, समय को सम्भालो,
ये युग है डूबता, इसको बचा लो ।

कृष्णा अब जोड़ बैठी है, करों को,
कृष्णा अब भूल बैठी, कायरों को,
वो अब पुकारा करती बस प्रभु को,
हे कृष्ण ! त्रासदी को तुम ही रोको ।

माधव पर उस दिन,
चीर का ना ऋण रहा होता,
मैं अक्सर सोच ना पता,
कि उस पल, क्या हुआ होता ?

ये सभा अब मोल अपना खो चुकी है,
जहाँ वधू बालकों-सी रो रही है ।
ये कोई व्यथा नहीं, ये त्रासदी है,
अब दृष्टि इस सभा पर काल की है,
हाँ, दृष्टि बस यहाँ पर काल की है ।

मेरे हाथों में अब लहू है,
मेरी आँखों में पानी है,
ना जाने कितनी ऐसी और गाथा लिखनी बाक़ी है ।
ना जाने कितनी ऐसी और गाथा लिखनी बाक़ी है ।।

धन्यवाद

# स्वीकृति

यह पृष्ठ अक्सर काव्य संग्रहों में अनुपस्थित होता है । परंतु इस पृष्ठ तक आते-आते आप ये तो समझ ही गए होंगे कि '**सहस्रदीधिति:**' अन्य संग्रहों से बहुत पृथक है । यदि मैं स्वीकृति ना लिखूँ तो शायद एक अपूर्णता का भाव मेरे मन के महल में घर कर लेगा । इसी कारण इस भाग का मूल्य शायद मेरी कुछ कविताओं से भी अधिक हो जाता है ।

परंतु स्वीकृति का आरंभ करें तो करें किससे ? जननी से ? जनक से ? या फिर जनार्दन से ? मेरे लिये तो तीनों का मूल्य, एक जैसा ही प्रतीत होता है । परंतु जीवन की इन पहलुओं में, सर्वोत्तम तो जीवन स्वयं है । तो जीवन देने वालीं **जननी** स्वतः सर्वोत्तम हो जाती है । मेरे जीवन की कहानी की तो माता भूमिका समान हैं । जैसे भूमिका के ना होने पर, सहस्र पृष्ठ भी अर्थहीन हैं, वैसे ही पृष्ठभूमि में जननी के ना होने पर, मैं ।

फिर **पिता**, पिता का वर्णन यदि २ पंक्तियों में करना हो, तो मैं कहता

> *"पिता स्वर्गः पिता धर्मः पिता परमकं तपः ।*
> *पितरि प्रीतिमापन्ने सर्वाः प्रीयन्ति देवताः ॥"*

यह श्लोक मेरा नहीं, परंतु रचनाओं में अपना क्या और पराया क्या । शायद मेरे पिता के विषय में यही श्लोक सर्वोचित है, परंतु इसका अर्थ ये किंचित् नहीं की यह पर्याप्त है । क्योंकि, जीवन में पिता के महत्व का वर्णन कर सके ऐसे शब्द तो माँ भरती के कोष में भी नहीं, तो मैं कहाँ ही तुल्य हूँ ।

परमात्मा तो वो शक्ति है जिसके द्वार, मैंने अपने लिये सदैव खुले पाएँ हैं। ईश्वरीय आस्था मेरे जीवन में वो दीप है, जिसकी रोशनी के बिना, हर पल मैं अधूरा हूँ। मैं अभी जहाँ लिख रहा हूँ, आगे श्री कृष्ण हैं, पीछे माँ भारती। इनमें से श्री कृष्ण का वास मेरे मन में है और माँ सरस्वती का मस्तिष्क में। जब मन भी ईश्वर के अधीन है और मस्तिष्क भी, कर्म भी और दैव भी तो फिर वो मेरी स्वीकृति के इच्छुक तो नहीं हो सकते।

फिर गुरु, मेरे जीवन में हर गुरु का मूल्य और योगदान पृथक रहा है और सबका वर्णन तो यहाँ संभव नहीं। परंतु मेरा अस्तित्व पे यदि पहला हक माँ का है, और मेरी आस्था पर यदि पहला हक ईश्वर का है, तो निःसंदेह, मेरे ज्ञान पर पहला अधिकार मेरे गुरुओं का है। कौन्तेय और द्रोणशिष्य में कर्मक्षेत्र के दृष्टिकोण से द्रोणशिष्य बड़े हैं। मेरे जीवन में मेरे शिक्षक भी, उसी समता का महत्व रखते हैं।

अंततः, मित्र, कुटुंब और वो समूचा समाज जिसने मुझे हर क्षण ना केवल प्रोत्साहित किया परंतु हर अनुकूल और प्रतिकूल परिस्थिति में मेरा साथ भी दिया है। वैसे तो मैं, इन सबके विषय में विस्तृत रूप से लिखने का अभिलाषी हूँ परंतु कुछ पाठक इसे निरर्थक मानते है। इसी कारण मैं बहुत से ऐसे लोगों का धन्यवाद करने में असमर्थ हूँ, जो निस्संदेह धन्यवाद अर्पण के अधिकारी हैं।

अंततः मेरे इस स्वप्न को अस्तित्व बनाने के लिए, मेरे बड़े भाई नवीन को विशेष धन्यवाद!

एक पुस्तक में हर खंड की एक शब्दसीमा होती है, और वो सीमा, मुझे इस स्वीकृति को अधूरा छोड़ने पर विवश कर रही है। सीमाओं का आदर हम कवि हर युग में करते आए हैं। इस परंपरा का आदर करते हुए मैं इस स्वीकृति के साथ, इस अनंत **सहस्रदीधितिः** नामक संग्रह का भी अंत करता हूँ, आशा है मैं आपको आपके जीवन में कुछ सिखाने में सफल रहा

हूँगा ।

धन्यवाद

विनीत
अर्पण कुमार

www.ingramcontent.com/pod-product-compliance
Lightning Source LLC
LaVergne TN
LVHW041130150826
845673LV00007B/2257

* 9 7 9 8 8 9 1 8 6 2 6 2 3 *